W0391542

Mes plus belles histoires de

PRINCESSES de l'Antiquité

Roxane Marie Galliez
Cathy Delanssay

Hemma

Table des matières

Europe

Comme il faisait beau ce jour-là sur la plage du royaume de Sidon !
Le soleil caressait le sable de ses rayons, et les petits crabes jouaient à la course avec la marée.
À peine plus loin, trois jeunes filles riaient, les pieds nus sur les grains dorés, leurs longs cheveux dénoués.

La plus jeune était ronde et blonde, ses boucles dansaient sur ses épaules.
La plus grande était rousse comme un feu de forêt, et son rire résonnait jusqu'au palais.
La plus belle était brune, ses yeux étaient aussi purs qu'un matin d'été ; on l'appelait Europe, et elle était la princesse des deux autres jeunes filles.

Soudain, un incroyable et majestueux taureau blanc sortit des flots. Il s'avança à pas lents vers les trois belles enfants, et s'agenouilla sans un bruit devant Europe, la princesse aux pieds nus.

Sa force était impressionnante, la prunelle de ses yeux était d'un noir profond, doux et mystérieux et ses cornes, tout en or, étaient ciselées, décorées, gravées de symboles aussi étranges que parfaits.

Effrayées, les deux amies de la princesse coururent se réfugier derrière un rocher.

–Europe, fuis, ne reste pas là !

Europe fit un pas en arrière, observa, puis devant ce superbe animal qui baissait la tête pour la rassurer, elle avança la main. D'abord, elle le caressa.

– Comme il est doux ! Venez, approchez-vous ! Comme il est beau ! Il est unique, jamais je n'ai vu de plus beau taureau que lui.

Rassurées, les deux amies s'approchèrent de leur princesse.
–C'est vrai qu'il est beau !
–Europe, oserais-tu monter sur son dos ?

Ce que l'histoire n'avait pas encore dit c'est qu'Europe n'était pas une princesse ordinaire. Elle était un peu guerrière et peu de choses l'effrayaient. Elle glissa donc, en riant, ses jambes sur le dos solide du taureau et celui-ci se leva brusquement !

Les deux jeunes filles sur la plage n'eurent pas le temps de crier pour avertir toute l'armée, que déjà le taureau emmenait Europe sur son dos et repartait avec elle au milieu des flots.

Europe songea à se sauver et à s'échapper.
Soudain l'animal se mit à lui parler :
– Ne crains rien Europe, je ne suis pas vraiment un taureau,
je suis Zeus, le dieu des dieux et je vais te faire découvrir un pays
que tu n'as jamais vu.

Jamais Europe n'aurait suivi un étranger, même avec de belles promesses, mais elle connaissait bien Zeus, et, depuis longtemps, elle l'aimait aussi un peu. Elle le suivit donc pour un voyage inoubliable. Elle découvrit avec lui de nouvelles mers, des terres et des poissons extraordinaires. Ils passèrent la journée à rire et à se connaître encore mieux.

Enfin, fatigués, ils s'arrêtèrent sur une île que l'on appelle la Crète. Zeus reprit son apparence de dieu. Les yeux d'Europe brillèrent un peu et, sous les platanes, ils échangèrent leur premier baiser.

Europe était en âge de se marier, mais elle était faite pour gouverner sur la Terre. Zeus, lui, devait retourner sur l'Olympe, là où vivent les dieux, dans les cieux, pour régler l'harmonie du monde. Les deux amoureux décidèrent donc de se quitter.

– Europe, pour toujours tu seras dans mon cœur et, pour te le prouver, je ferai briller dans le ciel une constellation d'étoiles en forme de taureau, pour que tu n'oublies jamais cette journée avec moi.

– Zeus, je te promets que chaque soir, je la regarderai.

Europe ne cessa jamais de songer à Zeus, mais son cœur aima de nouveau et plus fort encore qu'on ne l'aurait cru.
Elle épousa un roi sage et bon, le roi de Crète, que l'on nommait Astérion. Pour la féliciter et pour l'aider à bien gouverner, Zeus lui offrit trois présents à son mariage : Talos, un géant de bronze pour garder son royaume, un chien qui ne laissait s'échapper aucune proie, et un pieu qui ne manquait jamais sa cible.
Quant aux étoiles, regardez bien, pour toujours elles continuent de briller dans le ciel et nous rappellent que Zeus, un jour, aima Europe, la princesse aux pieds nus, aux yeux aussi purs qu'un matin d'été.

Nausicaa

La nuit se couchait sur la merveilleuse île de Corfou.
L'air était doux, sucré, et les oiseaux allaient s'endormir dans les vergers.
Partout sur l'île, des arbres colorés donnaient des fruits délicieux toute l'année.
C'est ici que vivaient Nausicaa avec ses cinq frères et ses parents, le roi Alcinoos et la reine Arété.

La princesse Nausicaa, dans sa chambre, regardait la lune encore une fois, avant de se glisser sous les draps.
Cette nuit-là, elle fit un rêve étrange.

Nausicaa rêva d'une amie qui la disputait :
– Nausicaa, tu es trop négligée ! Depuis combien de temps n'as-tu pas aidé tes parents ? Demain, va à la rivière et lave le linge avec tes suivantes ! Une fille de roi doit montrer l'exemple et participer à toutes les tâches.
Ce que Nausicaa ne savait pas, c'est que ce rêve lui avait été soufflé par la déesse Athéna.
Pourquoi Athéna voulait-elle que Nausicaa aille près de la rivière ?

Le lendemain matin, la princesse demanda à ses parents la permission d'aller laver le linge.
– C'est une bonne idée ma fille, je suis fière de toi, lui répondit sa mère.
– Va, accompagnée de tes suivantes et rentre avant la nuit tombée, ajouta son père.
Nausicaa prit donc le chemin avec ses suivantes, qui étaient aussi ses amies.
Elles emportèrent le linge du palais et le déposèrent dans des paniers, sur des mules.
Il faisait chaud déjà, l'air frais de la rivière ferait du bien.
Le linge fut lavé en chantant. Les jeunes filles s'éclaboussaient en riant.

Puis, tandis que les vêtements séchaient dans l'herbe, les jeunes filles sortirent une balle pour s'amuser. Tout était prétexte aux jeux.
Soudain :
– Attention !
Le vent malicieux joua avec la balle lui aussi et la fit tomber dans la rivière.

–Qui ira la chercher ?
–Pas moi !
–Ni moi !
–Je n'irai pas seule dans l'eau, moi non plus.
Alors, Nausicaa alla chercher la balle, suivie de loin par ses amies.

Sur la rive, endormi, un homme meurtri, blessé,
était étendu et ne bougeait plus.
À sa vue, les suivantes poussèrent un cri et s'enfuirent.
Mais Nausicaa, en digne fille de roi, n'avait pas peur.
Elle resta là pour aider le naufragé.

L'homme ouvrit les yeux, en entendant les cris.
Dans un rayon de soleil, il vit la princesse, et fut ébloui :
– Es-tu une déesse ?
Nausicaa rit, en faisant « non » de la tête.
– Alors, tu es une nymphe de cette rivière pour être si belle.
– Non, je suis Nausicaa, princesse de cette île et toi, qui es-tu étranger ?
– Je suis Ulysse. Je viens de loin, mon bateau a sombré dans la tempête.
M'aideras-tu ?
Que pensez-vous que fit Nausicaa ?

Nausicaa aida Ulysse à se relever. Elle lui donna du linge propre et à manger, puis elle lui indiqua le chemin pour aller au palais.

– Chez nous, nous aidons tous ceux qui en ont besoin. Je te suivrai avec mes mules et mes servantes. Va, mon père prendra soin de toi, comme je l'ai fait.

– Merci princesse, ton cœur est pur et sage, tu es digne comme la fille d'un roi.

Le roi Alcinoos reçut le naufragé, la reine Arété prépara un banquet.
– Merci roi Alcinoos pour ce que tu as fait pour moi. Je suis roi d'Ithaque et saurai me souvenir de tes bienfaits. Je reviens de la guerre de Troie, un long voyage m'a mené ici. La nymphe Calypso m'a offert le repos, jusqu'à ce que je puisse rentrer chez moi, mais un terrible orage, ou la colère du dieu Poséidon, a brisé mon navire et m'a déposé chez toi. Sans ta fille, je serais mort à l'heure qu'il est. Celui qui l'épousera sera un homme heureux. Moi, je retourne voir mon épouse fidèle, Pénélope, qui m'attend depuis si longtemps.

Toute la nuit, Ulysse raconta des histoires de ses voyages qui émerveillèrent Nausicaa et ses frères.

L’île d’Ulysse, Ithaque, n’était pas loin de Corfou.
Le roi et la reine prêtèrent à Ulysse un bateau et un équipage et, après quelques jours de repos, Ulysse rentra chez lui, pour un autre voyage.
La déesse Athéna continuait de veiller sur lui.
Sur le bord de la rive, en souriant, Nausicaa lui fit un signe de la main.
Elle remercia les dieux de lui avoir permis de rencontrer cet incroyable guerrier et d'apprendre toutes ces histoires qu’elle n’oublia jamais.

Danaé

Danaé était une princesse malicieuse. La petite fossette qui dessinait sa joue droite était aussi jolie que celle de sa joue gauche. Elle était plutôt menue, avec de courts cheveux sombres comme la nuit, mais son charme et son apparence étaient bien ceux d'une jeune femme hors du commun.

Au lieu d'écouter les sermons de son père si sévère,
ce que Danaé adorait, c'était jouer sous la pluie.
Elle devenait alors une enfant insouciante et désarmante,
sautant dans les flaques, buvant les gouttes d'eau
et arrosant son vieux chat.
Cela n'était pas du tout du goût de son père,
qui trouvait fort peu convenable que se comporte ainsi
une demoiselle de son rang.

Danaé aurait pu vivre ainsi longtemps dans la nature et sans inquiétude. Mais un oracle, une prédiction, annonça soudainement au roi que Danaé aurait un jour un fils, et que ce fils serait si puissant qu'il prendrait son pouvoir, ou même pis encore.

Ce fils serait si puissant, disait l'oracle, que toute la Grèce
et même le monde entier, durant des centaines et des milliers
d'années, parleraient encore de lui.
- Perdre mon pouvoir ? Il n'en est pas question, je le refuse !
Puisqu'il en est ainsi, Danaé n'aura pas d'enfant
et je pourrai gouverner en paix !

La reine Eurydice essaya de s'interposer :
- Acrisios, notre fille Danaé est belle, elle est intelligente, elle veut se marier ! On raconte même que le plus grand des dieux de la Grèce en est secrètement amoureux.
- Alors je la cacherai de la lumière du jour ! Gardes ! Creusez une pièce de bronze, bien profondément sous la terre, et que plus aucun homme ne voie la beauté de ma fille.

Tout le monde trouva le roi bien cruel, mais personne n'osa le contredire.
Danaé n'accepta pas son sort. Elle chercha une ruse
et réussit à négocier une faveur au bâtisseur :
- Pourrais-tu, s'il te plaît, laisser un petit passage pour la lumière,
un passage pour laisser entrer la pluie, pour éviter qu'ainsi je ne m'ennuie ?
Ainsi fut fait, le bâtisseur ne pouvait rien refuser au sourire de Danaé.
Et la princesse passait désormais ses journées à chanter pour que vienne
la pluie, et à chercher une solution pour s'échapper.

- Dieu des dieux, on raconte que de moi tu es amoureux. Si cela est vrai, aide-moi à sortir de ce lieu enfermé. Libère-moi, personne ne devrait vivre ainsi caché, sous terre et loin de la lumière.

Peu de nuits passèrent, avant que la demande de Danaé soit exaucée. Ce matin-là, à l'aube, ce fut d'abord un rayon de lumière, éblouissant de milliers d'étoiles divines qui vinrent caresser le bout de son nez. Danaé se leva et caressa la majestueuse ondée.

- Est-ce toi, mon amoureux, qui viens me visiter et m'aider ?

Pour toute réponse, une délicate pluie d'or vint sublimer les cheveux de la princesse. Dans cette pièce cachée sous terre, une merveille apparaissait : la pluie d'or habillait la jeune fille.
Danaé n'était plus seulement une princesse alors, elle devint reine, revêtue par tant de finesse et de beauté. Les yeux clos, elle respirait, buvait, goûtait cette pluie d'or qui n'en finissait pas de la caresser et de l'envelopper.

Plusieurs fois, la merveille se reproduisit et, le temps passant, le ventre de la princesse se mit à s'arrondir. La reine Eurydice était sûre d'elle : Danaé, sa fille, allait avoir un enfant et cet enfant, c'était le dieu des dieux qui lui avait donné en se transformant en pluie d'or.

L'enfant naquit avec une mèche de cheveux d'or
et personne ne douta qu'un destin exceptionnel l'attendait.
Bien sûr, très vite, la nouvelle se répandit et Acrisios, furieux, l'apprit :
- Infortuné que je suis ! Cet enfant va me détrôner, si je ne suis pas plus rusé que les dieux. Gardes ! Cette fois, construisez un coffre, que l'on y place ma fille et son enfant et que tous les deux quittent mon royaume par les mers. Nous verrons bien, si le père de ce bébé s'occupe encore d'eux, ou si l'océan les dévore vivants !

Danaé prit son bébé dans les bras, embrassa sa mère et sourit.
Elle était confiante et, surtout, elle était de nouveau libre, à la lumière :
une nouvelle vie l'attendait, elle le savait.

Le dieu des dieux, vous vous en doutez, veillait sur son enfant et sur son aimée. Il demanda à l'océan de bercer les flots pour endormir le bébé. Et toujours pour amuser Danaé, il faisait couler une pluie, une pluie d'or, que personne d'autre n'a jamais revue depuis lors.

Après un voyage suffisamment long pour éloigner Danaé de la méchanceté de son père, le coffre se posa délicatement sur l'île de Sériphos. La princesse et son enfant étaient encore endormis, ils ne remarquèrent même pas que leur voyage s'arrêtait là. Un pêcheur, du nom de Dictys, relevait ses filets. Il fut émerveillé par la grâce de la princesse et par la puissance de l'enfant. Il les réveilla doucement et leur promit de les aider.

Danaé, rassurée, lui tendit la main, et son bébé sourit au pêcheur :
– Mon fils s'appelle Persée. Retiens son nom, pêcheur,
sa naissance déjà est un prodige, et la Grèce parlera de lui éternellement.
L'oracle avait dit vrai…

Andromède

Ah ! Comme Andromède était romantique !
La jeune princesse, fille du roi Céphée et de la reine Cassiopée, aimait porter des couronnes de fleurs parfumées. Elle demandait chaque jour à la déesse Aphrodite de lui amener le plus grand, le plus beau et le plus merveilleux des amoureux.

Et des amoureux, elle n'en manquait pas car, en plus d'être sage et intelligente, elle était d'une beauté légendaire.
Sa mère répétait que sa fille était plus belle encore que les superbes Néréides, vivant au fond de l'océan.

En apprenant cela, les Néréides devinrent furieuses !
Qui était cette Andromède prétendument plus belle qu'une divinité ?
Elles nagèrent vers le dieu Poséidon
et le supplièrent de venger cet affront :
– Tu dois punir cette insolente et son peuple tout entier,
d'avoir osé nous défier !

Poséidon souleva donc les océans. Et dans la nuit, au milieu d'une tempête et des vents hurlants, l'eau déchaînée déferla sur les rivages d'Éthiopie !

Un terrible monstre marin sortit des profondeurs !
Il détruisit les bateaux et empêcha les habitants de quitter
leurs terres pour se nourrir de poissons ou pour prendre la mer.

Impuissant sur le rivage, le roi Céphée consulta l'oracle
et demanda aux dieux les raisons de cette colère.
Et l'oracle répondit :
–Céphée, ta femme et ta fille nous ont manqué de respect. La beauté d'Andromède est une insulte aux divinités. Elle doit être sacrifiée, attachée sur ce rocher et emportée dans l'océan par la créature qui a surgi des flots, sinon ton peuple mourra.
– Ma fille ? Sacrifier ma fille ? Jamais je ne le pourrai !

Mais Andromède ne craignait rien.
– Père, laissez-moi accomplir mon destin. S'il faut mourir pour sauver mon peuple, je le ferai. Laissez-moi montrer aux dieux comment se comporte une fille de roi.

Les gardes qui attachaient la princesse pleuraient et elle les réconfortait.

Puis, quand elle fut seule face à l'océan déchaîné
et la bête s'approchant, elle cria :
– Mon peuple, c'est pour toi que je meurs !

Les dieux des airs durent l'entendre, émus par sa vaillance,
car à cet instant, chevauchant Pégase ailé, Persée aperçut la belle
Andromède et trembla d'émoi devant sa fière beauté.

Vite, Persée se posa sur la plage où pleuraient Céphée et Cassiopée.
Il s'adressa au roi.
–Je peux sauver la princesse, et suis prêt à mourir pour elle et tuer la bête, si vous me promettez de me donner la princesse en mariage.
–Oui va, va et sauve-la je t'en prie. Débarrasse-nous de ce fléau et je te donnerai ma fille, mon joyau.

Alors Persée fendit les airs jusqu'à la bête furieuse dont les tentacules approchaient déjà Andromède. Il se battit longtemps, dans un corps-à-corps impressionnant.

Blessé, il se battait encore ! Andromède regardait ce puissant guerrier dont elle avait toujours rêvé, un homme à sa mesure, aussi fier que vaillant. Persée trancha la tête de la bête et lorsque le sang gicla sur les algues, celles-ci se transformèrent en corail. Persée, enfin, délivra celle qu'il aimait.

Un silence souverain se fit soudain. Subjugué, Persée regardait Andromède et Andromède plongea son regard dans le sien : l'amour, magnifiquement, s'était posé sur le cœur des deux jeunes gens et plus rien d'autre n'existait. Aphrodite avait exaucé la jeune fille : l'amour, le vrai, venait d'entrer dans son cœur et dans sa vie, et les légendes continuèrent de chanter les noms d'Andromède et de Persée.

Léda

Léda était la princesse d'Étolie mais, plus encore, elle était une descendante du dieu Éole en personne, le dieu qui gouvernait les vents.

Comme toute fille de ce rang, il lui fallait un mari à sa hauteur,
un homme capable de la chérir, de la protéger et de l'aimer :
il lui fallait un roi.
Tyndare, roi de Sparte, vint justement à la cour de Thestios,
le roi d'Étolie, et l'amour fut si rapide entre les deux jeunes gens,
que bien vite Léda épousa ce roi et devint reine à son tour de la cité
la plus guerrière de la Grèce.

Léda aimait son époux, mais il n’était pas toujours présent.
Son royaume le préoccupait beaucoup et Léda s’ennuyait.

Et voici qu'un jour, un cygne majestueux vint se poser à ses pieds, aux marches du palais. Chaque jour, le cygne venait la visiter et Léda mit peu de temps à l'apprivoiser. Elle était si heureuse avec lui que souvent on ne la voyait plus, occupée qu'elle était à jouer avec son cygne merveilleux.

Toujours accompagnée de son cygne, Léda se préoccupait de moins en moins des choses du palais. Et, quand son époux était absent, elle laissait même le cygne dormir avec elle, sur les douces couvertures de son lit.

Cette nuit-là, elle n'avait pas prévu que Tyndare rentrerait avant l'aube.
Et en trouvant son lit occupé, le roi furieux hurla de colère :
– Léda, que fait ce cygne près de toi ? Tu es une reine ! Ma reine !
Et ce lit est à moi ! Que jamais plus je n'aperçoive ce cygne chez moi !

Sans se départir de sa majesté, le cygne sortit en volant par la fenêtre après une dernière caresse de la reine sur son long cou si blanc. La reine pleura des jours et des nuits, mais le cygne ne revint pas. Tyndare veillait et avait placé des gardes autour du palais.

Le cygne, quant à lui, se trouva rapidement une autre amie,
et bientôt, il allait révéler son secret…

En effet, le cygne n'était pas un oiseau ordinaire : c'était Zeus, le dieu des dieux, le dieu facétieux qui s'était amusé à se déguiser pour être au plus près de la belle Léda.

Mais il oublia rapidement la reine quand il rencontra la belle Némésis,
l'une des filles de la nuit qui, pour voler plus vite que Zeus,
se transforma en oie.
Puis, tous deux disparurent dans les cieux,
et l'on n'entendit plus jamais parler d'eux.

Quelques jours plus tard, un paysan trouva un œuf, un énorme œuf, superbe et blanc, au milieu d'un nid et entouré de plumes de cygne.
– Je vais apporter cet œuf à notre reine. Elle est si triste depuis que son oiseau est parti. Cela lui rendra peut-être le sourire.

Imaginez la joie que ressentit Léda quand elle reçut ce présent-là !
Tyndare lui-même, si heureux de voir qu'elle ne pleurait plus, accepta qu'elle garde l'œuf à ses côtés.
Nuit et jour, Léda veillait son œuf, elle le chauffait, lui parlait, lui chantait des chansons.

– Seras-tu un cygne, seras-tu un caneton, un paon ?
Quel bel oiseau se cache sous ta coquille ?

Léda était loin d'imaginer ce qui grandissait,
bien à l'abri sous la fragile coquille…

Un matin en effet, la reine entendit l'œuf se fêler. Vite, vite, tout le palais était aux aguets. Chacun était curieux de découvrir ce qui allait naître. Et ce qui arriva surprit le monde entier. Car de cet œuf sortit, non pas un oiseau, mais une petite fille aux boucles blondes, une petite fille si belle et ronde, que jamais encore on ne vit plus bel enfant.

Léda, émue, prit le bébé dans ses bras. D'un seul regard, Tyndare consentit à garder cette magnifique petite fille. On l'appela Hélène, Hélène de Sparte, et sa beauté si légendaire grandit avec elle, au point de faire trembler la Grèce, un jour, jusqu'à Troie.
Mais cela est encore une autre histoire...

Ariane

En Crète, on ne parlait pas que du roi Minos et de la reine Pasiphaé. En Crète, on parlait surtout du Minotaure, l'homme à tête de taureau que l'on cachait dans un labyrinthe. Mais de sa sœur Ariane, on ne parlait point.

La princesse Ariane était discrète et fluette, elle aimait courir sur la plage et danser au son de la lyre d'Hermès et de la cithare d'Orphée.

À cause d’un différend qui les opposait aux crétois, tous les neuf ans, les Athéniens devaient envoyer sept jeunes hommes et sept jeunes filles en Crète pour être offerts en sacrifice au Minotaure.
Cette année-là, Thésée, le fils du roi d’Athènes, était parmi les prisonniers. Brillant, fort et courageux, il projetait de libérer sa cité de cette terrible dette.

Ariane l'aperçut dans la foule et, aussitôt, elle tomba amoureuse
de ce jeune guerrier que rien n'effrayait.
Mais comment faire ? Si elle n'agissait pas, Thésée risquait de mourir dans
le labyrinthe et, si elle agissait, son père, Minos, serait furieux contre elle…

N'écoutant que son cœur et son amour tout jeune mais déjà puissant, Ariane se rendit près de la cellule du bel étranger.
À sa vue, Thésée fut impressionné par sa grâce et son port altier :
– Qui es-tu belle jeune fille et que viens-tu faire dans la prison ?
– Je viens pour toi. Je t'ai choisi, et je refuse que tu meures.
Jamais encore, une jeune femme ne lui avait parlé de la sorte, cela lui plaisait et le cœur de Thésée se mit à battre plus fort lui aussi.

– Si tu refuses ma mort, aide-moi. Je sortirai vivant
et tu deviendras ma femme. L'acceptes-tu ?
– Qu'il en soit ainsi. Ne fais pas de mal au Minotaure si tu le peux et,
pour sortir du labyrinthe, voici une pelote. Tu n'auras qu'à accrocher le fil
à l'entrée et tu retrouveras toujours ton chemin tant que tu gardes
le reste de la pelote à la main.

Ariane était ingénieuse, et Thésée écouta son conseil.
Sitôt dans le labyrinthe, il plaça ses amis à l'abri, accrocha le fil à la porte et partit à la rencontre du Minotaure.
Les murs étaient sombres, mais Thésée ne tremblait pas.
Il voulait aller au-devant de son ennemi, avant que ce dernier ne vienne sur lui. Il écouta les pas, l'appela, et derrière lui...
Un homme imposant à la tête de taureau blanc se dressait !

Ses cornes étaient gravées de sillons en or, il était magnifique et terrifiant.
Certains racontaient que cette créature était le fils de la reine et du dieu Poséidon, et que Minos le cachait dans ce grand labyrinthe parce qu'il en avait peur.
Thésée était venu en Crète pour sauver sa cité, pour que jamais plus des jeunes garçons et des jeunes filles ne soient sacrifiés.
Il demanda pardon à la créature et lui enfonça rapidement son arme dans le cœur. Le géant s'effondra.

Devant la porte du labyrinthe, tout le monde attendait, anxieux,
et Ariane, aux premières loges, priait les dieux pour que son amoureux
sorte vivant de cet endroit mystérieux.
La porte s'ouvrit enfin et ce furent d'abord les sept jeunes filles qui sortirent.
La foule poussait des soupirs de soulagement. Puis six garçons les suivirent.
La porte restait ouverte et tout le monde attendait.
Enfin, Thésée sortit, portant dignement le Minotaure.
Il déposa le corps aux pieds du roi. Ariane se jeta dans ses bras.

Fidèle à sa promesse, Thésée emmena Ariane avec lui sur son bateau.
Mais une terrible tempête jetait d'énormes vagues sur le navire.
– Poséidon, le dieu des mers est en colère.
Tu as tué son fils, il veut se venger !
Ce vieux marin disait-il la vérité ? Thésée comprenait la colère du dieu,
mais il avait agi pour protéger sa cité.

Ariane, elle, peu habituée à la mer, était malade et suppliait Thésée de la laisser se reposer un peu, à terre, sur l'île voisine.

– L'île est juste là, je sais que c'est dangereux mais, s'il te plaît, permets-moi de m'y reposer, rien qu'une heure.

Était-ce folie ? Thésée accepta, il ne pouvait rien refuser à Ariane.

Mais, à peine la princesse fut-elle dans la chaloupe
qu'une énorme vague l'emporta !
Thésée n'eut que le temps de s'accrocher à son bateau pour ne pas se noyer.
La chaloupe d'Ariane, telle une coquille de noix, s'échoua sur l'île de Naxos.

Déjà une deuxième vague, encore plus violente, emporta le bateau de Thésée, loin, très loin de Naxos, et aucun marin ne réussit à redresser la barre.

Thésée hurla :

– Attends-moi Ariane, je te promets, je reviendrai !

Mais Ariane ne l'entendit pas…

Seule sur l'île, Ariane était désespérée. Elle avait quitté son pays, ses parents, et elle ne connaissait même pas l'île où elle se trouvait.

Longtemps elle attendit sur la plage, espérant le retour de Thésée, mais il ne revint jamais.

Un matin, un homme souriant, avec une couronne de vigne sur la tête et des raisins à ses poignets, vint à sa rencontre. Il riait, dansait, faisait de la musique. À force de joie, et grâce à cet homme, Ariane finit par oublier Thésée et subit une autre loi amoureuse.

Alors, l'homme joyeux lui révéla qui il était :

– Je suis Dionysos, le dieu de la vigne, le dieu joyeux. Je connais ton histoire belle Ariane. Moi, je ne vais rien te promettre, mais je vais tout te donner. Si tu le veux, offre-moi ta main et viens vivre avec moi parmi les dieux.

Ariane sourit, glissa sa main dans celle de Dionysos et le suivit.

Depuis, elle vit toujours à ses côtés, heureuse et dansant sur l'Olympe, parmi les dieux.

Atalante

Iasos est impatient : sa femme Clymène est ronde d'un enfant, et lui, c'est un fils qu'il attend.

– Clymène, encore combien de lunes avant de tenir
dans mes bras mon héritier ?
– Patience Iasos, patience…
– Clymène, encore combien de sabliers avant que je puisse le cajoler
et lui apprendre à gouverner ?
– Bientôt Iasos, bientôt, mais seuls les dieux vont décider
si nous aurons un fils ou une fille…
– Une fille ? Non ! C'est un fils qu'il me faut à mes côtés.

Enfin, le grand jour arrive : Clymène appelle ses suivantes, tout le palais s'affaire pour lui préparer sa chambre et celle du bébé.
Sitôt alerté, Iasos accourt :
– Laissez-moi passer, laissez-moi entrer !

Mais des femmes lui bloquent le passage, elles le retardent autant qu'elles le peuvent et, dans les couloirs, le roi entend chuchoter.
– Que se passe-t-il ? Qu'essayez-vous de me cacher ?

Furieux, il entre dans la chambre et découvre sa belle épouse, tremblant devant sa réaction, et tenant une adorable petite fille dans les bras.
– Iasos mon époux, les dieux ont voulu une fille pour nous.
– C'est impossible !
– Si, mon roi, regarde comme elle est belle et solide déjà, comme elle est souriante. Elle sera le joyau de notre royaume, nous l'appellerons Atalante.
– Une fille ne fera pas la loi chez moi ! C'est un fils que je veux, un fils que j'aurai, échange-la, fais-en ce que tu veux, que l'on confie cette enfant aux dieux !

En larmes, Clymène eut beau supplier, rien n'y fit:
Iasos emmena la fragile petite poupée et la confia à un garde.
– Dépose-la où tu voudras, que les dieux s'en chargent. Moi, je n'en veux pas.

Le garde se retrouva avec la petite fille dans les bras.
Comme elle était jolie avec ses boucles rousses ! Il la regardait, attendri.
Il aurait aimé la garder, mais il craignait bien trop de désobéir à son roi, alors il l'emmena dans la forêt.

– Ne crains rien petite fille, je vais prier les dieux, tu trouveras une merveilleuse famille.

Et, disant cela, il déposa l'enfant dans un lieu bien en vue et l'entoura de fleurs et de cadeaux précieux. Puis, de loin, il surveilla.
Un bruit de feuilles et des rires d'enfants le réveillèrent soudain : la petite Atalante était dans les bras d'une ourse qui la nourrissait.
Quel incroyable spectacle ! Le garde sourit, et comprit ainsi que les dieux veillaient bien sur ce beau bébé, et la déesse Artémis en particulier.

Artémis se chargea de prévenir des chasseurs pour qu'ils prennent soin de l'enfant, et Atalante grandit dans les bois, en liberté, respectant la nature et surtout sa mère ourse, bien loin des contraintes du palais. Extrêmement souple et agile, sportive et combative, Atalante était imbattable au tir à l'arc et à la course.

Elle était aussi très belle et très convoitée, mais elle ne voulait pas d'un mari plus faible qu'elle. On racontait même qu'elle ne voulait pas de mari du tout :
– J'épouserai celui qui sera capable de me battre à la course !
Et, disant cela, elle pensait que cela n'arriverait pas, que personne n'était plus rapide qu'elle, et pourtant…

Le beau Mélanion croisa un jour le regard d'Atalante. Il l'aimait parce qu'elle était farouche et courait dans les bois. Il l'aimait parce qu'elle était fière et libre. Et il avait peur de se battre contre elle et d'être ridicule à ses yeux parce qu'il était moins rapide qu'elle.

Heureusement, Aphrodite, la déesse de l'amour, veillait sur ce beau cœur qui battait, et elle chuchota un secret à l'oreille de l'amoureux…

Mélanion déclara donc son amour à Atalante
et Atalante lui répondit dans un sourire :
– Cours, rattrape-moi et alors je serai ta femme.
Aussitôt elle s'élança ! Mélanion courut aussi vite que possible derrière elle.
Il connaissait la ruse habituelle de sa belle : Atalante avait coutume de laisser
un peu d'avance à ses prétendants, pour leur laisser croire qu'ils allaient
gagner. Il la dépassa donc, et Atalante souriait toujours.
Mélanion fit alors tomber sur la route trois pommes que la déesse
lui avait données, trois pommes tout en or, venues du jardin des Hespérides.

Devant la première pomme, Atalante ne se retourna pas.
Face à la deuxième, elle ralentit un peu mais ne la vit pas.
Quant à la troisième, elle la prit dans les mains, émerveillée, et repartit en arrière chercher les autres pommes, avant de reprendre sa course.

Entretemps Mélanion, lui, ne s'était pas arrêté. Plus motivé que jamais, il attendait Atalante à l'arrivée. Elle était un peu fâchée :

– Tu as gagné uniquement par ruse !

– Non Atalante, j'ai gagné par amour, mais si tu ne me juges pas digne de toi, si tu me penses trop faible pour veiller sur tes pas, je préfère encore renoncer à t'épouser : tu ne veux pas d'un homme qui te traiterait en inférieure, et moi je ne veux pas d'une femme qui se sentirait supérieure à moi. Nous serons égaux ou bien nous ne serons pas.

Un malicieux sourire illumina le visage d'Atalante,
voilà le discours qu'elle attendait depuis toujours.
Elle prit alors la main de Mélanion, la posa sur sa joue avec une extrême tendresse, et l'emmena dans les bois pour lui présenter sa mère ourse.